# CHARLES JOGUET,

## NATIF

# DU CRESTVOLLANT-EN-FAUCIGNY.

CHARLES JOGUET était d'une taille médiocre, physionomie agréable, esprit vif, avait reçu de la nature un cœur bienfaisant et sensible ; sa politesse lui gagnait l'amitié et l'estime, sa mémoire était féconde, sa conversation intéressante ; ennemi du vice et de l'intérêt, il aimait le travail et la prière ; ses parents, que je connais, sont honorables et religieux, quoiqu'habitants des montagnes ; je suis son ami, son contemporain, amateur du vrai ; il ne peut rien m'échapper qui ne soit conforme à l'exacte vérité.. . . . . . . . . .

Sa face avait quelque chose de grand, la modestie et la bienfaisance y étaient peintes, et la persuasion était sur ses lèvres , tout le cours de sa vie offre des vertus à imiter, des œuvres louables et non communes. Il donna pendant sa vie des marques non équivoques de sagesse et de perfection ; s'il lui fut à honneur de vivre, il lui fut glorieux de mourir ; les belles actions sont pour les grandes âmes : Dieu en appelle beaucoup, mais il en choisit peu. Quoiqu'il perdit son père de bonne heure, c'est-à-dire à trois ans, et qu'étant fils unique avec assez de bien pour vivre, sans être avantagé de la fortune , il n'est pas tombé dans l'écueil de l'insubordination et de la désobéissance, assez ordinaire aux jeunes gens qui ne sont que sous les yeux d'une mère absorbée dans mille embarras, et dont la présence n'en impose pas. Méprisant le monde avec ses avantages , il aima mieux marcher sous les étendards de la croix et se donner à l'Église, que d'écouter les penchants de la nature et entrer dans le monde, si plein d'écueils et de fantômes.

1851

Avant que de s'appliquer à l'étude, il était destiné à garder les troupeaux le long des buissons et des forêts. Comme il vit un jour des bergers offenser le Seigneur et commettre des fautes, il pria ses parents de le séparer d'eux et ils l'envoyèrent dans un autre canton.

Dès l'âge tendre, ses vues, ses desseins, ses actions étaient distingués de celles de la multitude; ami de la prière, docile à ses parents, il s'appliquait à la lecture, à la confession, aux offices divins; sa conduite était réglée, assidue, formée sur le modèle de ceux dont les succès répondent à l'espérance.

Dieu l'a dit, ce sont les enfants qui contribuent à sa gloire et à sa louange.

L'aurore d'un beau jour annonce un temps favorable, une sage éducation perfectionne de si beaux commencements; le Seigneur dont la providence règle tout, voulut qu'il dirigeât ses pas vers les sciences; ayant des talents et de la volonté pour l'étude, le digne pasteur du lieu conseille à sa mère de céder à son envie, car il pensait déjà à s'offrir au Seigneur, et à tendre à l'état ecclésiastique.

A Flumet, bourg non loin de son pays natal, un maître intelligent lui donna les premières leçons de latinité et lui apprit en très peu de temps tout ce qu'il faut pour les humanités; il n'avait pas le goût, mais l'avidité pour l'application et l'étude; son instituteur fut obligé de mettre des bornes à sa diligence et à ses austérités, il le surprit une fois et le trouva ceint d'une grosse corde sous ses habits, qu'il y avait depuis plusieurs jours.

Oh! il est bien rare de voir à cet âge tant d'inclination à la vertu, tant de sévérité dans les mœurs; l'on peut dire de lui que s'il était jeune, il n'avait rien de puérile; à l'exemple du Sauveur, il croissait en âge, en vertu et en sagesse. Ses parents le placèrent à la ville d'Annecy où l'habilité des professeurs et la multitude des bons exemples, forma l'esprit, développa le génie et régla de plus en plus la vie de notre aspirant.

Ah! j'ai passé dans ce collège des jours bien agréables et doux à mon souvenir; les villes fameuses en débordements sont pleines de maximes perverses, d'infâmes actions du moins de négligence et souvent d'irreligion. C'est là où le crime prend naissance : aussi Dieu fait-il souvent éclater sa justice.

Quel a été le sort de Samarie, de Babylone, de Sodome ? . . .

Et si, Ninive n'eût fait pénitence, elle périssait sans ressource. Celle dont je veux parler était édifiante, instruite, polie, zélée ; les mauvais exemples et les sociétés n'y manquaient pas, mais l'Esprit-Saint l'y couvrit de ses ailes et le préserva de l'air empoisonné.

La contagion naissante de ce siècle, digne d'oubli, n'atteint point notre jeune étudiant, sa marche est fixe dans les bonnes mœurs et la vertu ; pendant sept ans j'en ai été le témoin oculaire. Éloigné des compagnies dangereuses, il était avec les plus vertueux de ses compagnons, attentif en classe, modeste à la congrégation, appliqué dans sa chambre, il passait à juste titre pour un des meilleurs sujets, il était aimé de ses supérieurs et de ses semblables. Une propreté sans faste annonçait l'état de son âme. La loi du Seigneur faisait le sujet *de ses méditations* ; il avait mis sur le frontispice de sa bibliothèque : PEU ET BON ; les jours solennels il s'approchait des Sacrements, surtout les fêtes de la bienheureuse Vierge Marie.

L'humilité est le fondement de la vertu, elle fut celle du Sauveur de Marie et des Saints les plus célèbres ; elle aide à supporter les outrages et les mépris, nous fait estimer les autres et nous mépriser nous-mêmes ; par ce principe, celui dont je relève les vertus gardait le silence parmi les dédains et les humiliations, traitait tout le monde avec honneur, et si, par choix, il fréquenta quelque compagnie qui lui donnèrent à lui-même les couleurs de la bassesse, la probité y trouva son compte, la droiture et la vertu y reprenaient leurs droits ; il fit plus d'une conquête à Dieu ; il porta aussi ses compagnons à la piété et à l'étude à laquelle il s'adonnait avec tant de continuité que sa santé était languissante, et fit plusieurs maladies; quelle bonté à l'égard du prochain, quelle régularité dans sa conduite, quelle force du discours et de l'exemple.

Dieu qui visite ses amis, l'affligea d'une maladie très sérieuse sur la fin de sa rhétorique, sa patience et sa résignation édifièrent ses parents et son voisinage ; mes souffrances ne sont pas comparables à celles du Sauveur, disait-il, qu'elles soient pour l'expiation de mes fautes ; que sont-elles à côté des peines des pauvres âmes du purgatoire? On craignit pour sa vie, il reçoit les derniers Sacrements ; va-t-il terminer sa carrière? Non, il est destiné à donner un spectacle encore plus consolant à l'Église et glorieux à la Religion.

En philosophie, la direction de la jeunesse lui fut confiée dans une famille édifiante, ce soin n'appartenait qu'aux sujets de remarque, l'étude de la sagesse et du raisonnement perfectionnait son esprit, il ne négligea pas les qualités du cœur, faisant chaque jour un pas à la perfection Évangélique, il étudiait sa vocation, et ne balança point dans son choix.

Il fut reçu avec applaudissements en la sainte Théologie pour se disposer à servir Dieu et se préserver des dangers séducteurs du siècle ; le costume ecclésiastique est celui qu'il désire, celui qui lui plaît. Il en obtint la permission, et l'honora par une conduite exemplaire. Alors la joie et l'affabilité douces et paisibles, miroir d'une âme vertueuse, rassembla souvent ses compagnons autour de lui ; sa conversation était intéressante, ses connaissances variées, ses études approfondies, ses lectures lui rapportaient un grand fruit ; chacun connaît sa facilité à exprimer ses idées ; son jugement et son bon sens étaient excellents ; il fut plusieurs fois appelé aux prix qui se distribuaient aux étudiants les plus distingués par leur sagesse et leurs talents ; il en était jugé digne lorsqu'il prenait la parole ; il reçut des applaudissements. Chacun a son goût et son talent qui lui est propre. Le sien fut l'étude, la retraite, la prière, l'humilité, l'obéissance, un caractère bon, sympathisant, une âme sensible et généreuse le firent surnommer le BON JOGUET. Quoique vif et impétueux, la douceur et la modération le suivaient en toutes occasions. Il me tardait de témoigner que ses promenades même n'étaient pas oiseuses, il s'y tenait des discours édifiants et toujours nouveaux ; après des entretiens et de longues discussions sur les matières de science.

Son exactitude et ses attraits pour le décors des lieux saints, le firent nommer sacristain de la chapelle du collège d'Annecy, soit congrégation ; M. Dubouloz, homme sage et éclairé, fit de mon contemporain, en pleine congrégation, l'éloge de ses talents et de ses vertus ; il rapporta ces paroles du Prophète, pour lui donner un hommage mérité :

*Zelus domus tuæ commedit me.* Oui, c'est le zèle pour la gloire de Dieu et le salut des âmes qui l'a dévoré ; ce zèle pour l'Eglise, pour la maison de Dieu qui l'a fait mourir pour elle. La dernière année de ses classes il a été conseiller, sacristain, et eut même plusieurs voix pour être préposé, soit recteur : tous les détails nous intéressent dès qu'ils regardent les amis de Dieu.

Notre sage étudiant instruit, plein de mérite et de bonne volonté, se dispose à l'examen pour le séminaire; ses réponses furent satisfaisantes et lumineuses : il y est reçu.

Notre bon et pieux évêque, heureusement régnant, le distingua parmi le nombre, et lui donna des marques de son affection. Lieu ravissant, doux séminaire, vous n'échapperez pas à ma mémoire. C'est là, où loin du tumulte et du fracas du monde, nous avions le bonheur, sous des yeux vigilants, de nous former au zèle, à la piété, à la science. C'est là où il fallait déplorer sa conduite passée, où les grâces du Seigneur coulaient à grands flots, où s'appliquant à la connaissance de son cœur et de soi-même, à l'oraison, aux vertus évangéliques, on devenait des hommes nouveaux. J'y vis mon ami, mon intime, dans l'observance scrupuleuse d'une sage et sévère discipline de l'obéissance, de l'assiduité et d'une soumission qui n'a pas d'exemple ailleurs; l'étude de la morale comme de la science des Saints, occupait tout son temps; les moments de récréations étaient pour lui des heures d'activité et de surérogation dans sa jeunesse.

Saint François de Salles se plut à dresser des oratoires; là ils confièrent encore aux soins de M. Joguet, la sacristie, les ornements et la propreté des autels.

Devant recevoir les saints Ordres et s'y engager irrévocablement, la crainte s'empare de son âme; il considérait, disait-il, d'un côté, un état si saint et si relevé, et de l'autre, ses faiblesses, son ignorance, ses misères : il fit le pas, alors une joie toute céleste désignait assez ce qu'il serait un jour. Je puis le dire, en vérité, nous y faisions souvent des réflexions salutaires sur le vice et le néant de la terre, les dangers du monde et la solidité des biens que nous offre la croix du Sauveur; nous désirions le cloître, ou de porter l'Evangile au-delà des mers, mais la divine Providence dispose à son gré des hommes et de leur vocation.

Décoré du sacerdoce, il redouble ses veilles et ses travaux; l'amour divin brille dans toutes ses actions, malgré la faiblesse d'une santé déjà délabrée, il enseignait et s'adonnait à tous les exercices du saint ministère; avec quelle douceur parlait-il? avec quel empressement il aurait voulu rendre service, et avec quel charme les malades étaient consolés, les pauvres assistés, les querelles terminées. Monseigneur lui avait proposé le poste de son pays natal, où

les habitants l'estimaient et l'affectionnaient par son affabilité et sa
piété, il s'en excuse parce qu'il ne croit pas y faire tout le bien
qu'un autre pourrait y faire, le motif de la gloire de Dieu lui fit
mépriser les avantages dont il aurait joui dans sa propre paroisse.
Ennemi de l'intérêt, il fit même présent d'une portion de son bien à
ses sœurs; ami de la paix et de l'union, il défendait sévèrement les
querelles et les procès. J'aime à me rappeler sa facilité à combattre
l'erreur et la vaincre, à reconnaître le vice et à le décréditer, et à
inspirer de l'horreur pour le mal et le scandale; un homme équita-
ble, bienfaisant et vertueux, sait se gagner les esprits sans les aigrir;
il fut aimé des pécheurs comme des justes; la persuasion découlait
de ses lèvres, sa politesse était charmante, il donnait au vrai, par-
dessus tout, ses entreprises et ses propos partaient de la charité
divine; ami des hommes, on ne sait pas qu'il ait mortifié quelqu'un;
si on lui faisait à lui-même quelques injures, il les dissimulait et
pardonnait volontiers.

Chêne, proche de Genève, avait besoin d'un vicaire formé à l'é-
cole de la vertu, propre à convertir les pécheurs, relever les tièdes,
confondre les incrédules, d'un prêtre judicieux, instruit, connais-
sant la controverse, la morale et le dogme, pour marcher de loin
sur les traces, imiter les exemples d'un pasteur digne de ce nom,
M. Martin, notre édifiant et éclairé confrère, pour éclairer les fidèles
et surmonter la mauvaise foi des hérétiques, d'un prêtre zélé et
courageux pour braver souvent les dangers; notre incomparable
évêque le choisit en la personne de notre futur martyr. Souvent les
desseins de Dieu sont impénétrables; là on voit notre jeune abbé et
régent de l'école de Chêne, assidu à l'étude des sciences de son
état, exact et régulier à une bonne discipline, appliqué à l'instruc-
tion de la jeunesse, catéchisant à son tour, et attentif au besoin
spirituel des âmes.

Les vertus qu'il pratiquait préférablement, sont la piété, la douceur, la bienfaisance, la charité à l'égard des pauvres; plein
d'application et de zèle, cruel à lui-même et bon pour les autres,
il combattait les ennemis du salut par la vigilance, la prière et la
mortification; jamais il ne se laissa surprendre par les artifices;
animé du plus grand zèle, avec un esprit vif et orné, un cœur bon
et généreux, plein des vertus de son état, il portait en secret les
secours de la divine parole et des sacrements aux protestants ses

voisins, aux dépens de son repos et de sa tranquillité personnelle ; ses vertus chéries étaient l'humilité, la chasteté, le désintéressement, le pardon des injures ; le nom de Jésus était gravé dans son cœur, et ses actions en étaient une copie fidèle. Avec quelle solidité et quelle force il annonçait à l'Eglise et en chaire les ordonnances du Seigneur. Ses manuscrits sont parsemés d'une tendre piété, d'avis importants, de preuves péremptoires et lumineuses. Le choix du premier discours au séminaire, fut l'endurcissement ; mais je défie bien les plus endurcis de n'en pas être touchés. Les malheurs de Jérusalem et du peuple Juif y sont peints avec des couleurs vives et des traits capables d'épouvanter. La division est ainsi conçue : Principes de l'endurcissement, effets de l'endurcissement. Ses principes sont : la résistance à la grâce et l'abandon de Dieu. Ses effets sont : un rigoureux châtiment de Dieu ; une multiplication de péchés, l'impénitence finale ; matière bien analogue à ces circonstances, à ce siècle profondément endurci.

Plusieurs de ceux qui ont assisté à ses instructions, disaient : Voilà un bon prêtre, c'est un homme instruit, un bon catéchiste, un excellent prédicateur ; c'est un ange qui a parlé. Ce sont des éloges dont je suis le témoin auriculaire.

Depuis un siècle, avec la licence des mœurs, l'incrédulité a pris en France son accroîssement ; une horde d'impies cachée a mis le désordre dans l'état et son premier but fut d'abolir la religion, ils se formèrent en société et furent sans freins comme sans lois. Vains efforts, la religion est l'ouvrage de Dieu et inaccessible aux traits de la malignité ; les cœurs peuvent changer, elle sera toujours la même. La Savoie inondée de ces principes nouveaux, le moment est favorable, le masque se lève, cette fatale race y envoie ses soldats le 21 septembre 1792 ; ma patrie quel sera ton sort ? Quelle va être ta destinée ? Tu vas gémir, te désoler, couverte de crimes et de gémissements, tu vas être réduite à la plus grande misère, tu fis la perte la plus sensible, la religion de tes pères.

Consolez-vous, mes amis, mes compatriotes, elle vous sera rendue. Le ciel courroucé va enfin déposer la verge qui nous frappe. Je ne veux pas fatiguer vos plaies, réveiller votre douleur ni vous rappeler les motifs trop fondés que vous aviez de craindre que la religion ne reçut des coups mortels, quoiqu'ancienne dans notre pays. Je désire seulement m'édifier un instant avec vous et concevoir de l'horreur de ces fourbes qui nous avait promis la liberté du culte, et sous de flatteuses paroles nous ont enfoncé le poignard dans le sein.

M. l'abbé Joguet parlait sciemment et montrait comme au doigt, au moment de l'invasion des Français, tous les tristes évènements qui allaient peser sur nos têtes ; il se trouvait auprès de ses parents, il se met en marche malgré la pluie et les inondations, traverse les monts et arrive à son poste. Je veux, disait-il, montrer avec mon digne curé, s'il le faut, au moment de l'orage, il faut se précautionner pour que le loup n'entre pas dans la bergerie; il partit sans mot dire à ses chers parents crainte de les chagriner. Arrivé à sa destination, il fit éclater son zèle à entrer dans les sentiments du pasteur, à instruire le peuple et soutenir les droits de la religion. M. le curé de Chêne, aux vertus duquel chacun rend hommage, avait une tendresse pour lui : lorsqu'il en parle les larmes coulent de ses yeux, il ne peut les retenir: tout est conforme à la vérité.

Arriva le décret du serment fatal qui a été l'opprobre du ministère et la désolation du diocèse. Ah! qu'il a fait verser de larmes et abrégé la vie à un grand nombre de personnes, que de morts n'a-t-il pas causé et ravi à notre pays, d'hommes célèbres. La consolation des fidèles, le jeune prêtre se prépare à l'exil (il n'était prêtre que depuis deux ans et demi), les massacres éclatent, les arrêtés sont foudroyants, il quitte son pays sans toutefois pouvoir saluer ses parents ni ses amis. Cette époque fera à jamais une gloire immense à notre Savoie, il ne manquera point de fléchir la colère de Dieu. Notre départ met l'alarme dans toutes les conditions et parmi tous les âges les pleurs coulaient de tous les visages, la tristesse était générale, les cris mêmes lamentables faisaient retentir les échos voisins. J'ai vu des personnes se lamenter, pleurer comme à la mort, à l'ensevelissement d'une tendre mère, et demander à genoux la bénédiction des prêtres; la ville et paroisse de Chêne donne à son vicaire un témoignage bien touchant de son affection et de son estime, elle lui fit, par une collecte, une somme suffisante pour ses frais dans le pays lointain.

A l'entrée des troupes du roi de Sardaigne en Savoie, notre confesseur de la foi voyant sa patrie ouverte s'y rend aussitôt et s'applique beaucoup dans le haut Faucigny à se rendre utile et à consoler les âmes. Comme les troupes royales repoussées par les

Français, repassèrent les monts dans le tumulte et la terreur générale, il est obligé de sortir du diocèse comme malgré lui-même parce que sa grande envie était d'y demeurer et déja d'affronter les périls et les dangers. C'était en 1793, après six mois d'exil, toujours brûlant du désir de sauver les âmes, il se dispose à rentrer en Savoie et à y exercer les fonctions de missionnaire : il brave les baïonnettes et la mort, rien ne peut le retenir. *Que faisons-nous ici, disait-il à son intime, M. l'abbé Nègre, partons, allons secourir nos braves fidèles, ils soupirent après nous ; ne permettons pas que l'esprit malin fasse tant de conquêtes ; nous consolerons les justes et ramènerons les pécheurs, nous serons en danger il est vrai ; eh bien ! s'il faut mourir, notre félicité est certaine, notre bonheur assuré.*

Si l'Église nous met devant les yeux les actions des Saints afin de nous porter à les imiter, il paraît qu'on ne peut rien faire de plus conforme à son esprit que de rapporter toutes les circonstances de la vie d'un prêtre vertueux qui vivait au milieu de nous et qui est mort pour la cause de Jésus-Christ ; l'on ne peut douter que la grâce de Dieu ne l'ait partout accompagné.

Approuvé des supérieurs ecclésiastiques et revêtu des pouvoirs nécessaires, il passe les monts tout hérissés de soldats furieux, ayant son intime avec lui, ils arrivent sur une terre qui regorgeait de crimes et de forfaits. La frénésie et la démence, on peut le dire, s'étaient emparées de quelques personnes même qui nous étaient unies par le sang et par l'amitié. La nuit, ils parcouraient les villages et paroisses des environs du bourg de Flumet, ils administraient les Sacrements, exhortaient et consolaient les fidèles ; le jour se passait à quelque repos, au travail, à la prière ; après plusieurs mois de travail, de courses et de peines, laissant partout des traces de religion et la bonne odeur de Jésus-Christ ; pendant ce temps le zélé Joguet se préparait chaque jour à la mort ; c'était une impression de la grâce qui l'avertissait du sort qu'on lui tramait sur la terre, et du bonheur que Dieu lui donnerait dans le ciel.

Plusieurs fois, au lieu de récréation ou d'un passager entretien avec le monde, même avec ses collègues, si rare et si consolant, alors il se retirait dans une chambre, et là, il parlait à Dieu, et Dieu parlait à son cœur ; il traça la prière fervente au Seigneur qui est connue et que je transcrirai ci-après ; huit jours avant son arrestation dont il n'y avait pas même apparence, il récitait tous les jours les prières des agonisants ; son collègue en est témoin.

La nuit de samedi au dimanche, jour de St-Laurent, 1795, fatigué d'un voyage pénible, à peine arrivé chez ses parents, il va s'appliquer à la confession et se disposer à célébrer le saint sacrifice de la messe, lorsqu'on entend du bruit autour de la maison ; on devine la cause du fracas, parce que ses parents avaient eu vent d'une recherche, et restés dans la volonté de lui en faire le récit afin de l'engager à prendre ses sûretés. Ce fut trop tard, quoiqu'il ne fit que presque d'arriver, parce que Dieu voulait un martyr. N'est-ce pas aussi par un trait de la divine Providence qu'un individu averti à temps, certain d'une troupe d'élèves de Robespierre, crut que c'était assez tôt de porter lui-même l'avertissement de bon matin ; ce fut encore trop tard, Dieu aimait son prêtre qui avait l'esprit de son état, vrai ministre des autels dont la vie était un sacrifice continuel et s'immolait souvent en esprit au pied du sanctuaire.

Ce groupe de fanfarons, soit-disant patriotes, composé de la lie des bourgs de Flumet et de Mégève, armés de fusils et sabres, prêts à enfoncer les portes, voient avec surprise les portes s'ouvrir. M. Nègre tâche de s'échapper à l'entrée de la maison, ô fureur indigne, un de ses voisins le serra au collet et l'arrête par les cheveux. M. Joguet veut aussi s'évader, ils le maltraitent, un des satellites le saisit à la gorge avec une telle fureur, que les doigts y laissèrent des empreintes livides, ils l'accablent d'injures, vomissent des blasphêmes, et lui donnent les dénominations les plus outrageantes.

Voilà nos deux athlètes au pouvoir de leurs compatriotes transformés en loups-garoux ; ils entrent en cuisine, produisent de grosses cordes et les attachent par les bras et le corps comme des insignes brigands, quoiqu'ils ne fissent aucune résistance ; pendant ce temps, ceux-ci boivent, mangent, font les perquisitions les plus minutieuses. Vous jugerez si ces sortes de gens ne sont pas capables de pillage ! Nos prêtres avaient été trahis ; manque-t-il en ces temps d'hommes remplis d'astuce et de perfidie : la chapelle où étaient les ornements, un autel, la présence réelle, et tout ce qui était nécessaire pour les fonctions saintes, couvertes par une paroi adroitement collée d'un bout de la chambre à l'autre dans un coin, auraient été hors d'insulte, si des traîtres ne l'eussent par avance déclarés ; l'entrée s'y pratiquait en enlevant une des planches préparée à cet effet. Les anthropophages y pénètrent, la dépouillent et emportent tout ; le crime est leur élément. Faut-il s'étonner s'ils ne craignent pas les sacrilèges ; cependant nos jeunes prêtres ont recours à la prière et se sentirent assez de courage pour leur demander au moins la grâce de conserver les saintes hosties ; ils parlent avec tant d'onction et d'énergie, qu'ils obtiennent leur demande, plusieurs y résistaient. Dieu, qui est le maître des mortels, en suscita qui furent d'avis de leur laisser vider la pixide ; c'est une consolation glorieuse que le Tout-Puissant accorda en faveur du mérite et du zèle des deux captifs qui eurent le bonheur de recevoir leur Sauveur entouré des enfants de Bélial ; ils font leurs actions de grâces à Dieu, ensuite les persécuteurs veulent se mettre en marche avant le jour, crainte d'émeute et de soulèvement dans l'endroit, ou plutôt d'une juste défense.

Ils enveloppent, avec les ecclésiastiques, les mère, tante, fidèles, tous ceux qui croient être dans le cas d'être conduits aux prisons ; le nombre était petit, eût-il été plus grand ils auraient également laissé la maison sans propriétaire et comme au pillage ! On s'achemine, grand Dieu ! quelle désolation ! Une tante, une mère ; le soin de M. Joguet est de consoler ses parents, de leur représenter, et aux malheureux captifs comme lui, le bonheur de pouvoir souffrir à l'exemple des saints et des apôtres pour la religion de Jésus-Christ. Nous devons nous réjouir, disait-il, car nous allons à un feste éternel ; nous sommes plus heureux que ces malheureux qui nous conduisent, ils sont au jour de Flumet les bons fidèles qui s'abandonnent à la tristesse, plusieurs laissent couler des larmes ; ne pleurez pas sur nous, dirent nos zélés ecclésiastiques, notre sort est heureux, nous ne sommes pas à plaindre, pleurez sur vous et faites pénitence de vos péchés. Ils restèrent cette nuit à Mégève, là peu s'en fallut qu'on ne les délivrât, malgré la surveillance du plus pur jacobinisme et le nombre des mauvais sujets qui après avoir appris à jargonner le français, sont les rois, les tyrans du pays. Les desseins de Dieu sont différents de ceux des hommes ; tous les soins échouèrent, nos persécutés restent ; captifs accablés d'ennuis et de crainte, ils se livraient à des inquiétudes dévorantes lorsqu'il leur vînt un consolateur, un simple paysan dont la figure et les discours annoncent sa probité et sa droite conscience, leur dit : Vous croyiez, Messieurs, que je viens vous plaindre, je viens vous féliciter et prendre part à votre gloire ; vous êtes des apôtres, vous ne craignez pas sans doute la mort ; nous autres dans votre situation, nous aurions besoin d'encouragement, maintenant vous nous consolez par votre constance. Le Seigneur mit tant de grâce et de douceur avec eux qu'ils en furent merveilleusement consolés et en reçurent un grand courage. Le lendemain fut une journée pleine de traits évidents d'une Providence qui destinait mon ami à la mort et au martyre.

Vers la paroisse de Cambioux, **M.** Nègre fait tomber ses cordes et s'échappe ; les monstres firent feu dessus, courent après comme s'il eût été un loup ; c'est inutilement, il est loin, pendant ce temps une seule personne était en la garde du prêtre Joguet, qui lui répétait : Mon ami, laisse-moi aller, je ne t'ai fait aucun mal. Il ne fit pas le moindre effort pour se rendre la liberté ; l'aurait-il fait avec succès ? Pendant qu'il restait comme je l'ai dit plus haut, martyre de coups, accablé de fatigue et d'ennui ; d'ailleurs, Dieu voulait un martyr : il les rejoint par les Antampires, et conduit par eux à Sallanches, non loin de cette ville, il eut moyen de casser ses cordes, il courait de toutes ses forces, mais le pouvait-il, fatigué du voyage et affaibli par les meurtrissures et le sang dont ses habits étaient teints ; on lui lâche un coup de fusil, il ne le reçoit pas heureusement, il n'a plus de force, on l'atteint, on le maltraite de nouveau et on le serre à plusieurs reprises au collet jusqu'à le suffoquer ; il ne dit pas la moindre parole, il ne fit pas la plus petite plainte, il vit ensuite avec consolation que sa tendre mère avait pris les champs, avait su tromper la vigilance d'Argus ; elle dût son salut aux buissons, ensuite à un sage villageois qui favorisa son évasion en l'introduisant chez lui et lui donnant issue dans les bois d'un autre côté.

Il arrive en la ville de Cluses, il fut mis en prison à la Maison de Ville, dans la chapelle de Saint-Jean-Baptiste ; on ne peut que louer la loyauté du concierge, qui, voyant son innocence, et touché de sa piété, le traitait avec humanité. Les habitants le consolent, lui font offre de service, et jamais la consternation n'a été aussi vive et aussi générale, parce qu'il craignait les menées sourdes de mauvais sujets, tous étrangers, qui se faisaient un trophée de signaler leur autorité par des forfaits et l'injustice.

A peine Jésus-Christ commença-t-il sa mission, qu'il fut en butte aux peines et aux souffrances, il a été calomnié, persécuté, outragé,

il mena une vie de sacrifices et de privations ; son heure étant ve-
nue, les juifs le garrotèrent, l'accablèrent de meurtrissures et de
coups, firent couler son sang divin et mourut, quoiqu'innocent, sur
un bois infâme, par la main des bourreaux qui l'ont crucifié, et il
était Dieu !

Le prêtre dévôt dont je viens de parler a suivi les traces de son
Sauveur, il avait toujours eu ses sentiments, il les conserva jusqu'à la fin comme Notre Seigneur à Jérusalem ; il confessa la Foi
devant plusieurs tribunaux, il parut devant l'administration sié-
geant chez les Cordeliers et à l'église paroissiale, devant le tribunal
militaire ; ces juges furent ou français ou apostats et gens de la
crapule de l'endroit et des environs ; il fut mené de Caïphe à Pilàte
et il fut condamné à mort par le Conseil. Le temps fera jour à la
vérité, toutes les menées et les trahisons seront découvertes. Trem-
blez, làches délateurs, faux témoins ! Si vous évitez la justice des
hommes, vous n'échapperez pas à celle de Dieu. Combien s'en
trouva-t-il, qui assez bien intentionnés, mais qui par une lâche po-
litique, n'eurent pas la force de prendre le parti de l'innocent. Un
seul bourgeois de Cluses eut la force d'omettre son vœu par écrit,
et modifiant la teneur des lois, prétendait condamner aux fers, non
pas à la mort, M. le vicaire de Chêne.

Là, M. Joguet annonce avec fermeté les ordres du Seigneur ; on
l'interroge, il répond avec courage, feu et solidité : on lui propose
le serment, il le refuse, répond qu'il est contraire à la volonté de
Dieu et à sa conscience, et qu'il vaut mieux obéir à Dieu qu'aux
hommes. A toutes les interrogations il fit des réponses suffisantes,
même remarquables, il dit qu'il exerce les fonctions du saint ministère, la Sainte Messe, la Confession, l'assistance des malades, le
baptême et les autres devoirs de son état, qu'il est prêtre de Jésus-
Christ, qu'il s'en fait une gloire et qu'on fera de lui ce qu'ils dési-
reront.

Il répartit à un de ses juges, qui lui révélait les avantages de la
liberté : il y a longtemps que nous sommes tous frères et enfants de
l'Eglise, cette Eglise établie par le Sauveur et merveilleuse par sa
doctrine et sa durée.

On lui propose le serment ou la mort. Je veux mourir, dit-il, pour
mon Dieu et ma Religion. Son défenseur, officieux pour le tirer
d'embarras, lui suggère un moyen, celui de dire qu'il n'est pas sorti

du pays; non Monsieur, répond le confesseur, quelques jours de vie ne me sont pas assez chers pour les acheter par le prix d'un mensonge.

C'est la réponse qui fut aussi faite à un rebut de collége qui voulait le solliciter à trahir son devoir et sa conscience. On lui demande de plus s'il ne s'est pas émigré; il ne le nie pas, il le donne à entendre, apprenant, par cet exemple, à craindre le péché et à se montrer courageux. Il se tourna du côté du peuple après son interrogatoire, il l'exhorta à persévérer dans les bonnes œuvres, prier pour lui, à respecter et conserver la Religion de ses ancêtres; il se versa bien des larmes, on admira la vigueur de ses réponses, la présence de son esprit, sa piété, son vif attachement à la vérité, ses yeux modestes et sa face angélique se troublaient tour à tour, lorsqu'il vit les débris du sanctuaire et la dévastation du lieu saint. Après avoir quitté ses juges, au milieu de ses gardes, avec une joie toute sainte, c'était un jour de fête pour lui; une surprise mêlée d'applaudissements s'empara des assistants, ils en parlent encore avec extase. Dans sa prison, ce qui faisait sa plus grande peine, c'était les malheurs de la Religion et le sort de tant d'âmes exposées au péril.

Pourquoi tant de lamentations sur la Religion? que deviendra la Religion, répétait-il? Que de maux! Sans doute l'esprit de Dieu lui dictait ses adversités futures. On était obligé de le consoler. Ne semble-t-il pas voir nos combats et les disgrâces qui nous restent encore à surmonter. Quoiqu'il eût besoin de consolations il ne craignait pas la mort, elle était l'objet de ses vœux, mais il semblait dire comme David : « Seigneur épargnez le peuple, tournez vers moi le glaive de votre colère, je n'ai nulle peur de mourir, mais rendez la religion à notre pays.

*Vertatus obsecro manus tua contra me.* (2 Reg 2 H). Lorsqu'on me faisait le récit de ses craintes sur la ruine de la Religion, je le croyais plus fondé, c'était quelque temps après sa mort, à ce moment je vois qu'il avait raison.

Quoique la ligue aurait eu envie de le perdre, elle n'aurait pu accomplir ses coupables desseins, si on n'eût produit deux témoins qui attestaient qu'il était prêtre, en conformité de la loi; ils se sont trouvés l'un de Cluses et l'autre habitant à Chêne. Leur nom sera toujours en horreur pour tout cœur droit et religieux.

On vint lui lire sa sentence de mort, il la reçoit avec plaisir, on lui dit de s'asseoir, il obéit; après lecture faite il se lève et remercie le lecteur qui se retire, et dont la fin a été sinistre, et qui cependant a eu le bonheur de recevoir les derniers sacrements.

La constance de M. Joguet ne s'est point démentie, seulement, à l'exemple du Sauveur, dans le jardin des Olives, il eut des angoisses et des craintes : une somme d'argent, dit-il à sa tante, pourrait nous tirer d'ici. Il va, il vient, comme Jésus à ses apôtres, il voudrait prier, il n'en a pas la force, il adresse à la sainte Vierge, lui fait de ferventes prières, et récite dévotement son chapelet, la tempête est appaisée, le calme est dans l'âme, sa première joie renaît, il n'eut plus aucune crainte.

Des fidèles lui présentèrent des liqueurs et à manger pour ce jour là, il refusa avec remerciement, disant que c'était ce jour là jeûne, et que d'ailleurs son corps n'avait plus besoin de nourriture.

Sur les midi le tambour résonne, les soldats se préparent; je vais mourir, dit-il, c'est à cette heure que notre Sauveur a été crucifié. Il distribue le peu d'argent qu'il avait sur lui aux pauvres à qui il donna encore de ses habillements.

Le concierge à qui il avait donné des paroles de salut et d'édification, ne fut pas oublié dans ses dons, tous les nombreux détenus prient et versent des larmes, ils s'étaient tous approchés du tribunal de la Pénitence, et lui avaient confessé leurs péchés, il remet son chapelet à sa tante, et l'avertit de ne point chercher les auteurs de sa mort; il exhorte les assistants, se recommande à leurs prières, les console par la vue du bonheur qui l'attend et leur dit : Je vous devance de quelques pas, nous nous reverrons au jugement universel.

Tout le monde est en larmes, lui seul est tranquille et en repos. On vient le prendre, il s'entretient avec ses conducteurs, toujours joyeux et avec grande confiance; il rencontre un de ceux qui l'avait le plus maltraité lors de son arrestation, il lui adressa ces paroles de paix avec un visage riant : Allons, mon ami, touchons-nous la main, n'ayons point de ressentiment. Le malheureux se détourne en vomissant des injures.

La satisfaction, la joie de notre martyr étaient toujours admirables, tout le monde en est surpris encore.

O la belle mort, répète-t-on! O la sainte mort! La garde natio-
nale de Cluses se refuse formellement à procéder au meurtre de
cette victime innocente; la plupart des habitants, accablés de désolation et de crainte, abandonnent la ville. Cependant, à l'invitation
de M. Joguet, il y en eut qui assistèrent à son martyre. Venez apprendre, avait-il dit dans son cachot, d'où il prêchait sans cesse aux
passants, venez apprendre à mourir pour la Religion.

(Je ne sais si nous ne serons point dans le cas de mettre en usage
son avertissement).

Arrivé vers le lieu du supplice, comme vers une promenade
agréable, il déclare qu'il pardonne volontiers à tous; quelques soldats répandaient des larmes. Sur le point d'être fusillé, il obtint de
ses bourreaux, un instant pour recommander son âme à Dieu; pendant qu'il prie, un soldat s'approche pour lui bander les yeux. Cela
n'est pas nécessaire, dit-il, je veux voir le ciel jusqu'à mon dernier
soupir.

Il fit signe de la main, comme il avait été convenu avec eux; le
coup mortel part.....

Il mourut la veille de l'Assomption, l'an 1794, âgé de 29 ans.
Son corps, porté au cimetière, ne répandit du sang que vers sa
tombe. Et déjà sa belle âme reposait dans le sein d'Abraham, sa
face en était changée.

C'est ainsi, ô mon Dieu, que du haut du trône de votre puissance,
vous comptez nos jours et réglez nos destinées. Le martyre est une
grâce, Dieu ne la donne pas à tous; mais une vie innocente, dégagée
de tout péché; une vie sainte et mortifiée, est la vocation de tout
fidèle et un devoir. Un martyr fait, en mourant pour la Religion,
son sacrifice à Dieu dans un instant; la vie du chrétien doit être un
combat perpétuel, une chaîne de souffrances, et chaque jour il doit
mourir pour Jésus-Christ.

Notre glorieux défunt a l'avantage de ce double mérite, il fut
martyr pendant sa vie et il l'a été à la mort.

Les circonstances de sa vie et de sa mort portent des caractères
de grandeur et de sainteté; il est notoire qu'il confondit le plus
acharné de ses juges par la solidité de ses réponses, et qu'il fit une
fin digne d'être placée dans les fastes des Saints. Dieu dont la puissance est infinie peut signaler encore sa bonté envers lui, et sa
miséricorde envers nous, j'en ai la ferme confiance, fondée sur

plusieurs traits qui ne peuvent se manifester en ce moment sur ce parfait dévouement à la volonté de Dieu. Plusieurs grâces obtenues par son intercession et ses sentiments de la grâce sur le cœur des fidèles, qui de commune voix le préconisent comme un bienheureux, et se sont disposés à dresser des croix et construire des oratoires au lieu de son supplice et de son tombeau, vers lequel plusieurs personnes de l'un et l'autre sexe font des prières; les ecclésiastiques ne dédaignent pas de s'y mettre à genoux. Tout présage que cette âme de Dieu sera dans ces contrées l'objet de notre vénération.

Veuille le Seigneur ouvrir sur nous le sein de sa miséricorde. La première grâce que nous demandons c'est le rétablissement et la conservation de notre sainte Religion.

Je ne dois pas passer sous silence que plusieurs de ses assassins ont eu un sort digne de leur attentat; il en est péri un sur les montagnes du Crestvolland, qui a été lui-même assassiné à coups de bâton; il rendit l'âme après avoir été plusieurs jours à l'agonie.

Le plus insigne des brigands conducteurs de M. Joguet eut la tête fendue et resta sur les carreaux par permission divine, lorsqu'il se préparait à de nouveaux forfaits, quelques années après, dans le bourg de Mégève, dont il était natif.

Le malheureux qui avait si maltraité notre confesseur et martyr, proche Sallanches, où il habitait, a été tué par des soldats français, le jour du corps de Dieu, non loin de Chambéry.

Dieu sait se venger en tout temps et en tout lieu.

Il serait inutile d'entrer dans le détail des contre-temps arrivés à plusieurs autres qui ne sont pas tout-à-fait innocents en cette occasion; fasse le Seigneur que les disgrâces de cette vie les préservent des châtiments éternels.

Son tombeau paraît s'ouvrir, ses lèvres se ranimer et nous dire : Soyez, soyez fidèles à la foi de nos pères, travaillez à votre salut, la couronne est due à la persévérance.

Je dois mon triomphe à mes combats, ils sont passés, la récompense sera éternelle. Je chante des hymnes au Seigneur; marchez dans la vertu, un semblable bonheur vous attend; suivez les traces de ceux qui vous ont précédé; ne faites pas à ma mémoire des accents lugubres, dans le sein de mon Dieu je suis au comble de la félicité; vous savez la voie du Ciel, ne vous en écartez pas; il faut savoir vivre et mourir pour sa Religion. Sa vie et sa mort nous serviront de modèle.

Que le Seigneur cesse de nous frapper, la sécheresse, la famine, la peste, sont les suites d'une guerre désastreuse allumée par la colère du Seigneur. Nos péchés sont grands et augmentent chaque jour; à quels châtiments ne devons-nous pas nous attendre, si nos cœurs restent endurcis.

Le peuple d'Israël trouva le Seigneur favorable toutes les fois qu'il revînt de ses égarements, et qu'il eut fait une pénitence suffisante. Nous sommes sous une loi de grâce, plusieurs prêtres et fidèles sont devenus nos intercesseurs; la foi se conserve dans nos villes et dans nos paroisses; les prières et les bonnes œuvres s'y multiplient; Dieu sera disposé à nous laisser le bienfait inestimable de la Religion; il mettra au feu les verges de sa colère et laissera tomber le glaive de ses mains.

Entrons dans les religieux sentiments du prêtre zélé dont je viens de faire mention; il désirait la mort; nous ne l'échapperons pas; tâchons aussi de nous y préparer. Je rapporte la prière que l'on a trouvée dans son bréviaire, elle était écrite de sa main deux jours avant sa mort; la voici mot à mot :

Quand jouirai-je de vous, ô mon Dieu; quand vous verrai-je face à face? Quand serai-je dans le lieu où on vous aime, où on vous bénit pour toute l'éternité? Hélas! que mon exil est long! Qui me délivrera de ce corps de mort! Qui me donnera des ailes comme à la colombe, afin que je vole au lieu de mon repos éternel. La vie de l'homme si courte dans sa durée, est remplie de beaucoup de misères. Je gémis de la plus grande de toutes, qui est de me voir tous les jours tomber dans le péché et exposé à y tomber à tout moment; je me déplais en ce monde où je suis environné de scandale et où je ne puis empêcher que mon Dieu ne soit continuellement offensé, je désire d'être avec Jésus-Christ et d'avoir part à sa gloire.

Je n'ose pas cependant demander la mort, ô mon Dieu! parce que j'ai toujours lieu de craindre de n'être pas encore assez préparé et de n'avoir point encore fait d'assez dignes fruits de pénitence pour tant de péchés que j'ai eu le malheur de commettre, et dont je me repens de tout mon cœur. Préparez-moi par votre grâce, ô mon Dieu! et mettez au plus tôt dans la disposition des âmes saintes et parfaites qui souffrent la vie avec patience et reçoivent la mort avec joie.

Faites que je me prépare tous les jours avec crainte et tremblement ; mais cependant avec une tendre confiance en vos bontés, me voici devant vous, soumis, résolu et joyeux de mourir pour jouir de vous ; accordez-moi la grâce de la persévérance finale, dans la Pénitence, la Foi, l'Espérance et la Charité, le détachement du monde, la résignation à vos ordres, l'humilité, la rémission de mes fautes ; accordez-moi, Seigneur, une sainte mort. Ainsi soit-il.

Sur la route à côté de Sallanches, un de ses féroces conducteur grinçant les dents de rage, lui porta un coup de baïonette sous les flancs et lui fit une plaie d'où le sang, venant à couler dans ses chaussures, gênait extrêmement sa démarche, qu'on accélérait en le frappant avec la crosse du fusil ; il aurait infailliblement succombé si un de la troupe, pénétré d'horreur, n'eût fait observer à ses camarades qu'ils n'avaient pas reçu ordre de le tuer ; cette réflexion fit cesser les bourrades auxquelles succédèrent les outrages les plus sanglantes ; on eut dit que le calme, la douceur, la patience de cette innocente victime redoublaient la rage de ces hommes de sang. M. Joguet n'ouvrit la bouche que pour prononcer ces paroles : C'est ainsi qu'on traitait Jésus-Christ, que son saint nom soit béni.

*Relevé sur les archives de la commune de Cluses, par son petit-neveu*

Jean CLARESY.

Imp. de Jules-Juteau et Comp., rue St-Denis, 341.

9 782012 981577